LE COMTE LOUIS-JOSEPH

DE MONTBEL

ANCIEN GENTILHOMME HONORAIRE DU ROI CHARLES X

ANCIEN DÉPUTÉ DE L'INDRE

CHEVALIER DE LA LÉGION D'HONNEUR.

A Madame

La Comtesse de Moutbel, née de Vassau

HOMMAGE

DE MON RESPECTUEUX DÉVOUEMENT

F. ADENOT.

LE COMTE LOUIS-JOSEPH DE MONTBEL.

Il y a peu de jours, une foule émue et recueillie où se confondaient tous les rangs de la société orléanaise, rendait les derniers devoirs aux restes mortels du comte Louis-Joseph de Montbel, ancien gentilhomme honoraire du Roi Charles X, ancien député de l'Indre, etc., et donnait aux funérailles de cet homme de bien, l'aspect touchant d'un deuil public.

C'est qu'en effet ce vénérable vieillard qui, depuis la mort de son fils unique, avait fixé sa résidence à Orléans, s'y était concilié par sa bienveillance, par l'exquise urbanité qui distinguait les hommes d'autrefois, et par les plus nobles et les plus éminentes qualités, l'affection et le respect de tous.

Avec le comte L.-J. de Montbel s'est éteint le nom d'une des plus anciennes et des plus illustres familles du duché de Savoie, dont les ramifications s'étaient étendues en France (1).

(1) Le comte de Montbel, l'un des ministres signataires des fatales ordonnances de juillet 1830, était complétement étranger à la famille que concerne cette notice. Son nom patronymique était Baron. Il y avait ajouté le nom de Montbel, d'une propriété qu'il possédait dans la Haute-Garonne, et l'on ne comprend pas que le Roi Charles X l'ait, par ordonnance royale, créé comte de Montbel ; ce prince savait parfaitement à quelle famille appartenait ce nom, puisqu'il avait tenu sur les fonds baptismaux le comte Louis-Joseph de Montbel, qu'il l'avait nommé l'un de ses chambellans, puis gentilhomme de sa chambre, etc., etc.

Cette noble maison, comme toutes nos vieilles et glorieuses races, remontait aux temps les plus reculés de la monarchie.

Sa généalogie établit, de la manière la plus authentique, sa parenté avec la maison royale de France, par le mariage de Robert de Montbel avec Anne de l'Age, descendante de Thibaut IV, comte de Champagne. Louis VII, *dit* le Jeune, avait épousé Alix de Champagne, arrière grande tante d'Anne.

Philippe de Montbel, l'un des compagnons de Godefroid de Bouillon, épousa Lucrèce Lascaris, du sang impérial de Constantinople.

Jean Sobieski, roi de Pologne, avait épousé une cousine germaine de Louise de la Châtre, épouse d'André de Montbel.

Parmi ces alliances figurent les noms de Jacques Stuart, Roi d'Angleterre, de Charles VII, Empereur d'Allemagne, et les princes souverains de Bavière et de Bade.

Au moyen-âge, des alliances avaient été contractées entre cette maison et celle des Dauphins du Dauphiné, ainsi qu'avec les comtes de Savoie dont l'un, Edouard, dut à Guillaume de Montbel sa délivrance d'entre les mains du seigneur de Tournus, qui l'avait fait prisonnier.

En 1518, une fille de cette maison épousa le comte de Lannoy, le vainqueur de Pavie, vice-roi de Naples, général des armées de l'Empereur Charles-Quint, en présence duquel fut célébrée cette union.

Une autre, Jacqueline de Montbel, veuve de Claude de Bastarnay, comte du Bouchage, se remaria à la Rochelle, en 1571, avec Gaspard de Coligny, amiral de France, colonel-général de l'infanterie française. Elle en eut une fille unique,

Béatrix de Coligny, comtesse d'Entremonts et de Montbel qui porta ses biens dans la famille Bon de Meuillon, par son mariage avec Claude-Antoine Bon, baron de Meuillon et de Montauban, grand chambellan de Savoie, dont la postérité prit le nom de Montbel.

Nous mentionnerons encore François de Montbel, qui fut gouverneur d'un prince de la maison de Savoie; et nous rappellerons, à cette occasion, que l'aïeul du comte Louis-Joseph de Montbel avait été sous-gouverneur des enfants de France qui furent les Rois Louis XVI, Louis XVIII et Charles X.

Nous n'énumérerons pas les grades militaires, les hautes dignités ecclésiastiques et les charges de cour qui furent conférés aux membres de cette famille, tant en Savoie qu'en France.

Nous savons, et le comte de Montbel était plus convaincu que personne de cette vérité, nous savons qu'on ne doit pas se faire un mérite personnel des avantages de la naissance. Mais ils obligent ceux qui les tiennent de la Providence, à s'en montrer dignes par leurs vertus et leur dévouement à la patrie. Telle fut toujours la pensée de l'homme éminemment bon et modeste, à la mémoire duquel nous rendons ici ce pieux hommage.

Il ne parlait jamais de la noblesse de sa famille qu'avec une simplicité et une réserve qui n'avaient rien d'affecté, et il évitait ou détournait ce sujet de conversation, même dans l'intimité de la vie de famille. Nous pouvons ajouter que jamais nous ne l'avons entendu regretter les priviléges attachés autrefois à ces hautes positions de la société française.

En nous étendant sur tous ces détails, nous faisons une sorte de violence à la mémoire et à l'esprit de profonde et sincère humilité de cet homme excellent ; mais nous avons voulu suppléer à son silence, et faire ressortir sa modestie, dans un siècle où les nobles surgissent de toutes parts, et où la loi a dû se préoccuper de ces usurpations devenues si communes.

Le comte L.-J. de Montbel était né à Paris le 2 janvier 1771, du comte Joseph-Louis de Montbel, maréchal de camp, chevalier de Saint-Louis, maître d'hôtel de Monsieur, comte de Provence ; et de Marie-Charlotte de Barin, petite nièce de l'amiral de Barin de la Galissonière qui vainquit les Anglais à Mahon, et mourut en se rendant à Fontainebleau où le Roi Louis XV voulait lui remettre, de sa main, le bâton de maréchal de France, en récompense de ses longs et glorieux services à la mer, et de son dernier et brillant fait d'armes.

Après avoir fait de brillantes études au collége des Oratoriens de Juilly, le comte de Montbel entra à l'école militaire, bien que sa famille ne le destinât pas à la carrière des armes.

Mais c'était alors une coutume assez générale, dans les familles nobles, de préparer par l'éducation et même par la profession militaire leurs fils aux carrières politiques. C'était, pensait-on, le meilleur moyen de discipliner les jeunes esprits et de former des caractères mâles et résolus.

Le jeune comte se maintint à cette école dans un rang distingué, et fut, à sa sortie, admis dans les gardes du corps du roi. Après une année environ de présence dans cette troupe d'élite, il fut envoyé à Strasbourg pour y suivre un cours d'études spéciales, sorte de noviciat pour les jeunes gens qui étaient destinés à la carrière diplomatique.

Il suivit ces cours avec assiduité, et étudia à fond la langue allemande qui lui devint familière, et qui devait bientôt lui être d'une grande utilité. Le savant et célèbre publiciste de Koch, fondateur, et l'un des professeurs de cette école, remarqua promptement et apprécia la vive intelligence et le jugement droit de son nouvel auditeur.

De là datèrent des rapports d'amitié que les événements politiques de l'époque interrompirent, mais qui se renouèrent lorsque, plus tard, le savant publiciste fut appelé à faire partie des assemblées délibérantes où l'Empereur Napoléon Ier aimait à voir réunis les hommes d'un mérite réel.

La Révolution française était commencée et suivait son cours; les événements se succédaient rapidement, et jetaient le trouble et la division dans le royaume, apportant l'agitation jusqu'au sein des écoles, où les rangs des étudiants s'éclaircissaient de jour en jour. — Ceux que séduisaient les idées nouvelles allaient s'enrôler dans les armées de la nation; les autres retournaient dans leur famille, ou allaient grossir, de l'autre côté du Rhin, le corps qui se réunissait sous le commandement du Prince de Condé, et qui est connu sous le nom d'armée des Princes ou de Condé.

Le père du comte L.-J. de Montbel, retiré dans ses terres du Berry, n'avait pu, à cause du mauvais état de sa santé, se joindre à cette émigration dont les frères du Roi avaient donné l'exemple. — Mais il n'hésita pas à autoriser son fils à en faire partie. Sa mère, de son côté, avait accompagné la comtesse d'Artois, dont elle était dame d'honneur, à la cour du Roi de Sardaigne.

Les hommes d'une certaine opinion condamnèrent alors et condamnent encore cette émigration d'une grande partie des Royalistes. Ce fut peut-être une faute politique de leur part ; mais ce ne fut pas un crime de lèse-nation ; et il n'y eut certainement pas trahison envers la France.

Le Roi n'était plus libre : déjà sa vie était menacée, et il était facile de prévoir le sort qui lui était réservé. Les provinces de l'Ouest n'avaient pas commencé cette lutte héroïque que Napoléon Ier appelait une guerre de géants. On ne pouvait songer à organiser la résistance au-dedans ; on se décida à l'organiser au-dehors ; mais jamais avec le projet de livrer la France ou aucune de ses provinces à la domination de l'étranger. Ni les chefs, ni les soldats, et tous étaient gentilshommes, n'eurent la coupable pensée de combattre au profit des princes confédérés.

Cela est si vrai que les chefs de cette petite armée n'hésitèrent pas à la licencier, plutôt que de consentir à la mener à la suite des confédérés, en lui ôtant ainsi le seul caractère qu'elle dût avoir et sa seule raison d'être : une armée de Royalistes français.

Après le licenciement, le comte de Montbel se rendit à Heidelberg où se trouvait déjà sa mère, qui n'avait pu se décider à rester plus longtemps séparée du seul enfant qui lui restât. Les communications avec la France étaient devenues impossibles ; l'argent qu'elle avait emporté touchait à sa fin. Il fallait s'assurer des moyens d'existence. Active, intelligente et courageuse, la comtesse de Montbel entreprit, à l'aide de deux de ses femmes qui avaient voulu partager sa mauvaise fortune, d'humbles travaux à l'aiguille, qu'on lui procura à l'envi.

Son fils, de son côté, donna des leçons de littérature française, et fut chargé de quelques travaux de traduction de langue allemande.

Le salaire que le travail procura aux nobles exilés ne leur donna sans doute pas l'aisance, mais il suffit à leurs besoins, et les dispensa de recourir à la bienfaisance publique, la plus amère de toutes les angoisses réservées aux proscrits, sur la terre d'exil.

Bientôt ils durent s'éloigner de cette résidence hospitalière, et reculer devant la marche victorieuse des armées républicaines. Le comte de Montbel aimait à raconter, à cette occasion, que tout en regrettant cette nécessité de s'éloigner, il était fier, intérieurement, des succès de ses compatriotes, et leur pardonnait presque de troubler ainsi la sécurité de son refuge.

C'est alors qu'il connut l'aimable et excellente femme qui devait être la compagne dévouée et bien aimée de sa vie, et qui, après soixante années de l'union la plus heureuse, trouve sa consolation de la perte cruelle qu'elle a faite, dans la ferme conviction que celui qui fut le meilleur des époux, a reçu la récompense de toutes les vertus dont il ne cessa d'être le vivant modèle.

Enfin le comte de Montbel put rentrer en France avec sa jeune femme et sa mère. Des amis qui y étaient restés réussirent à faire effacer son nom de la liste des proscrits. Son père qui avait été emprisonné, et dont les biens avaient été séquestrés, avait recouvré sa liberté, et, peu après, la jouissance de sa fortune.

Tout en demeurant fidèle à ses affections politiques et aux traditions de dévouement et de fidélité de sa famille, le comte de Montbel n'oublia pas qu'il était devenu l'obligé du gouvernement qui avait rétabli l'ordre, la prospérité et la religion catholique dans sa patrie. Il consacra ses loisirs à la vie de famille, qui convenait si bien à son caractère affectueux; à l'étude qu'il avait toujours aimée; et lorsqu'à la mort de son père, il entra en possession de son patrimoine, il en prit en mains l'administration et s'occupa avec une prudence intelligente à améliorer l'agriculture dans sa terre de Poiriers, et à assurer le bien-être des colons qui dépendaient de lui.

Ainsi s'écoulèrent pour lui les années si dramatiques du Consulat et du premier Empire. Son esprit éclairé et judicieux avait compris les exigences du siècle, et lorsque les événements de 1814 eurent ramené les Bourbons, s'il salua leur retour avec joie, il accepta aussi sans arrière pensée les institutions nouvelles que le roi Louis XVIII octroya à la France.

Monsieur, comte d'Artois, l'avait nommé son premier chambellan. Pendant la période des Cent-Jours, il se retira dans sa terre. Nommé député de l'Indre, lors de la seconde Restauration, en souvenir de la haute considération dont avait joui son père dans ce département, et de celle qu'il avait acquise lui-même, il prit au centre droit de la Chambre, parmi les royalistes modérés, la place qu'il conserva toujours dans cette Assemblée où le département de l'Indre l'envoya trois fois.

Il n'avait pas brigué ce mandat ; il l'accepta avec la ferme volonté de le remplir loyalement, et il fut constamment fidèle à cet engagement de sa conscience, comme au serment qu'il prêta.

Membre du conseil général de l'Indre, il fut désigné deux fois pour le présider. Le Roi Louis XVIII l'avait nommé chevalier de la Légion d'honneur.

Modeste et n'aimant pas à appeler l'attention sur lui, il montait rarement à la tribune, bien qu'il parlât et écrivît avec facilité ; car il était homme d'esprit et de savoir ; mais il n'hésita jamais à demander la parole, lorsqu'il crut accomplir un devoir, et à développer son opinion, au risque de déplaire aux hommes de son parti.

Cette droiture de conscience fut en plusieurs occasions mal interprêtée et même calomniée par des hommes qui poussaient le dévouement jusqu'à voter de parti pris. Un de ces hommes, à propos d'une loi de circonstance, qui venait d'être adoptée par la majorité, entendant le comte de Montbel blâmer ce vote, lui dit : Vous n'avez donc pas voté la loi ? Non, lui fut-il répondu, ma conscience ne me l'a pas permis. L'interlocuteur n'oublia pas ce loyal aveu, et il en usa pour desservir le comte de Montbel.

Nous nous rappelons qu'en nous racontant cet incident de sa vie parlementaire, le noble vieillard s'abstenait avec soin de nommer le collègue dont il avait eu à se plaindre. Cependant, pendant le cours de la conversation, dans un moment d'inadvertance, il prononça ce nom. Il s'aperçut aussitôt de sa distraction, en éprouva un véritable chagrin et nous fit promettre d'être plus discret qu'il ne l'avait été lui-même. Nous avons tenu cette promesse, bien que nous ayons su, d'autre part, que cet homme ne s'était pas borné à calomnier son collègue dans cette seule occasion.

Si le comte de Montbel montait rarement à la tribune, nul n'assistait plus exactement aux séances de la Chambre, aux réunions et à la discussion des comités et des bureaux où s'élaboraient les projets de lois. L'entrée de son cabinet était ouverte à tous les solliciteurs, quels qu'ils fussent, et quand leurs demandes ou leurs réclamations lui paraissaient fondées, il ne manquait jamais de faire valoir leurs droits, dans les bureaux des ministères, près des ministres eux-mêmes, lorsque la solution dépendait d'eux. Le nombre de ceux qu'il a ainsi obligés est considérable. Ajoutons qu'il ne se préoccupa jamais de l'opinion politique des solliciteurs.

Depuis 1827, le comte L.-J. de Montbel était rentré dans la vie privée, et faisait les vœux les plus ardents pour le bonheur de son pays.

Il se montra toujours conciliant envers les hommes, mais ferme et inflexible sur les principes. Chrétien sincère et convaincu, il pratiquait ses devoirs religieux avec la simplicité et la ferveur des anciens temps. On peut dire de sa vie qu'elle était une prédication continuelle et la meilleure des prédications : celle de l'exemple. Est-il besoin d'ajouter que nul ne fut plus tolérant, et ne se permit moins de juger les intentions d'autrui ?

De grandes afflictions étaient venues l'éprouver dans sa vieillesse. Il avait perdu son fils unique, enlevé à la fleur de l'âge ; sa fille aînée, la marquise de Courcy, femme aussi distinguée par les grâces de l'esprit que par les qualités du cœur ; puis, il y a quelques mois, le marquis de Courcy, son gendre, dont la mort a été aussi un deuil public dans le canton qu'il habitait, et dont il était le bienfaiteur et la Providence. — Le comte de Montbel supporta ces épreuves avec le courage et la résignation qu'inspire seule la religion chrétienne.

Les pauvres et les affligés qu'il accueillait et consolait avec une bonté touchante et inépuisable, se plaisaient à le nommer leur père. Leur concours tout spontané à ses funérailles témoignait de leurs regrets et de leur reconnaissance.

Comme le divin modèle qu'il s'était proposé depuis longtemps, il traversa la vie en faisant le bien.

Il s'est éteint, sans agonie, après une courte maladie, le 23 octobre 1860, au moment d'accomplir sa quatre-vingt-dixième année.

F. ADENOT.

Paris, le 30 octobre 1860.

Imp. Léautey, rue St-Guillaume, 23.

www.ingramcontent.com/pod-product-compliance
Lightning Source LLC
Chambersburg PA
CBHW061622040426
42450CB00010B/2623